그 섬이 다가왔다

시인대학 10기_시인 삼목회 공동시선집

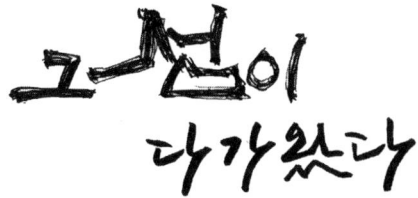
그 섬이 다가왔다

-발간사-
"우주를 유영하는 시인으로 함께…"

 시인대학 역사상 이제까지 배출된 기수 중 가장 많은 21인이 수료하고, 이렇게 15인 시인 동기들이 첫 공동시선집을 내는 정말 자부심을 가질 수 있는 기수이다.
 그동안 우리는 개인시집 출간으로 감격스런 출판기념회를 갖고, 드디어는 작년 8월 29일 영광의 시인 등단 인증서와 시인 등단작가패, 신인문학상을 받으며 시인의 길이 시작되었다. 그날의 잊을 수 없는 감격과 행복감은 우리 10기 동기들의 가슴 속에 영원히 남아있다.

 돌아보면 그때의 감격과 기쁨, 그리고 동기라는 끈적한 우애가 원동력이 되어 '시인 삼목회'란 모임으로 의기투합하여 끈끈한 친목과 유대를 바탕으로 함께 시 공부를 하는 소중한 활동으로 이어진 게 아닌가 하는 생각이 든다. 발기회를 포함 연 5회의 모임을 가지면서 써온 자작시를 서로 나누며 시인으로서의 역량을 한 걸음씩 키워왔고 드디어 공동시선집 『그 섬이 다가왔다』란 결실을 보게 되었다고 생각하니, 심부름꾼의 역할을 해 온 사람으로서 감회가 새롭다.

한마음 한뜻으로 적극적인 협조를 해주신 사랑하고 존경하는 동기 시인님들께 무한 감사하며, 우리를 시인되게 하고, 힘들고 어렵고 기뻤던 매 순간에도 늘 격려와 사랑으로 가르침으로 곁을 지켜주시고 우리의 시적 영혼의 이정표가 되어주신 스승 박종규 교수님께 10기 모두의 한마음을 담아 머리 숙여 감사드립니다.

이제 앞으로도 우리는 사람다운 사람이 되어 시를 쓰고 자존감으로 사람을 사랑하고, 자연을 사랑하며 그 속에서 은유와 상상의 나래를 펴고 우주를 유영하는 시인으로 함께 나아가며 즐거운 노래를 함께 부를 것이다.

끝으로 우리가 여기까지 올 수 있도록 배려와 사랑으로 감싸주신 대한민국지식포럼과 대지문문학회 임동학 명예회장님과 박명호 대한민국지식포럼 회장님께 감사의 말씀을 올립니다.

2025. 04. 16
시인대학 10기_시인 삼목회 회장 심 상 필

-축시-
목련 인생

박명호

겨울의 추위를 이겨내고
봄이 다가오면
목련꽃이 그대로 살아 나
하얀 꽃잎으로 우리를 맞이한다

그 속에서 선명한 향기가
우리 마음을 감싸네
아름다운 꽃잎 하나하나가
우리에게 꿈을 전해주듯이

목련꽃의 아름다움은
우리에게 희망을 주며
그 속에서 담긴 아름다운 이야기는
우리 마음을 따뜻하게 해준다

하얀 꽃잎마다
작은 추억과 이야기가 있어
그 속에 담긴 아름다움은
우리의 인생을 더욱 풍요롭게 해준다

목련꽃 향기와 함께
내 마음도
아름다운 꿈과 희망으로
가득 차오르길 바란다

목련꽃의 아름다움은
우리의 인생에
새로운 희망과 기쁨을 불어넣어 준다

대한민국지식포럼 회장 **박 명 호**

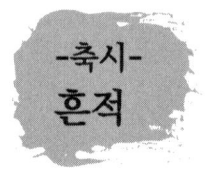

임동학

산다는 것은
흔적을 남기는 일이다
만난 것에 대한 흔적
먹은 것에 대한 흔적
마신 것에 대한 흔적
본 것에 대한 흔적
들은 것에 대한 흔적
느낀 것에 대한 흔적
일기나 메모 또는
기록으로 흔적을 남긴다

흔적을 흔적 위에 남기고
흔적은 쌓여만 간다
흔적은 머리에도 가슴에도
핏속에도 남긴다
그리고 어떤 흔적은 뼛속에도
화석처럼 남는다
흐릿한 흔적은 지워지고
또렷한 흔적도 세월 가면 흐려지고
또 다른 흔적들이 올려진다

산다는 것은
흔적을 지우는 일이다
오래된 일기나 빛바랜
사진을 버리는 것도
흔적을 지우는 일이다
죽은 이의 유품을 정리하는 것도
흔적을 지우는 일이요
주소록을 정리하는 것도
흔적을 지우는 일이다

어떤 흔적은 하룻밤만
지나면 지워지기도 한다
그러나 어떤 흔적은 평생
트라우마가 되기도 한다
어떤 흔적은 뻘건 피가
부글부글 끓어 기화되면서
지워지는 아픔을 겪는다
어떤 흔적은 삭신이 쑤시고
뼈마디를 갈고서야 지워진다

대한민국지식포럼/대지문학회 명예회장 임 동 학

CONTENTS

발간사_심상필/ 4
축시_박명호/ 6
축시_임동학/ 8

김명숙_몽돌 나들이/ 19

낙엽 지는 소리/ 21
들꽃 마실/ 22
몽돌 나들이/ 23
봄의 아침/ 24
봄의 아침/ 25

김종구_茶友/ 27

새해 첫날/ 29
경칩/ 30
입맞춤/ 31
茶友/ 32
소금/ 34

박성권_은혜의 자리/ 35

관(觀)/ 37
은혜의 자리/ 38
삶/ 40
덕수궁 돌담길/ 42
또 하나의 출발/ 44

박중선_웃고 있는 날/ 47

새봄/ 49
태국살이/ 50
대나무/ 52
웃고 있는 날/ 53
빈틈/ 54

손두형_그 섬이 다가왔다/ 57

그 섬이 다가왔다/ 59
검은 파도/ 60
눈 내리는 날/ 61
거친 역사의 기억/ 62
오르막 내리막/ 63

심상필_찻잔 속의 그리움/ 65

시를 쓴다는 것/ 67
찻잔 속의 그리움/ 68
古木/ 70
동해 바다/ 72
목련꽃/ 74

오세창_인생 2막/ 77

5월/ 79
보물/ 80
인생 2막/ 81
깨달음/ 82
첫눈/ 84

이명국_텅 빈 하늘/ 87

당신 안에/ 89
텅 빈 하늘/ 90
안개/ 92
옥수수밭/ 94
달맞이꽃/ 96

이영래_서리꽃/ 99

생일/ 101
역마차/ 102
고향/ 104
섬/ 106
서리꽃/ 108

이원순_구독 인생/ 111

구독 인생/ 113
의와 공평 그 참뜻/ 114
인류의 역사/ 116
우산 가족 팬티 가족/ 118
새해 기도문/ 120

이정순_4월의 기도/ 123

관악산 눈길/ 125
4월의 기도/ 126
2월의 끝자락/ 127
홍매화/ 128
봄비/ 129

이주영_기억의 강/ 131

얄미운 그대/ 133
모나카의 추억/ 134
소음도 반가워라/ 135
오징어 배/ 136
기억의 강/ 137

이효상_몽중화(夢中花)/ 139

무인도/ 141
고생길 고행길/ 142
몽중화(夢中花)/ 144
참 좋더라/ 145
망중한(忙中閑)/ 146

전병렬_자연이 道/ 149

어른이 되니/ 151
자연이 道/ 152
반쯤 찬 물컵/ 154
자재와 돈오/ 156
그림자/ 158

정수연_노년의 상념/ 161

기도/ 163
나의 기도/ 164
노년의 상념/ 165
고독/ 166
언어/ 167

격려사_박종규/ 168

■**시인대학 10기_시인 삼목회 일지**/ 170

김명숙_몽돌 나들이

낙엽 지는 소리
들꽃 마실
몽돌 나들이
봄의 아침
봄의 아침

김명숙 시인 프로필

대지문학 동인
대한민국 지식포럼 정회원
대한민국 지식포럼 시인대학 수료(10기)

수상 대한민국 명인대상
  신인문학상
  느낌까지 끌어안은 시화전(Ⅱ) 최우수상

시집『들꽃 마실』(2024)
공동시집『그 섬이 다가왔다』(2025)

낙엽 지는 소리

만수산 모퉁이 아침
창문을 연다
단풍잎 하나 동동

갓 씻은 햇살 뜨락
손수 지은 염색 옷
바람에 꿈을 꾸고

한 시절 푸르던 웃음
기러기 여행길
끝자락에서 파르르르

들꽃 마실

초록 화폭 나래를 펴고
무수리 꽃댕기 하늬바람에
주름잎꽃 메꽃 봄망태
소곤소곤 꽃 도시락 만들어
들 동네 친구 마실길 떠난다

마중 나온 조개구름 미소에
종다리 비상하며 빵빠레 울리고
조팝나무 비단길은
달콤한 햇살 실어 소나타 연주 은은하다

몽돌 나들이

몽돌 휘파람 소리에
할아버지 몽돌 통통배 타고
할머니 몽돌 굴 따러 가세

몽돌 장구 소리에
아빠 몽돌 등짐 지고
엄마 몽돌 조개 캐러 가세

몽돌 피아노 소리에
언니 몽돌 노래 부르고
아기 몽돌 빙그르 춤추세

몽돌 파도에 휩쓸리는
소리 들으며
섬마을 운동회 풍악 울리고
괭이갈매기
"꽉꽉"
합창을 한다

봄의 아침

봄갈이 나가는 사립문 소리에
코끝을 간질이던 목련 아씨
양팔 벌려 기지개 켜고
늦잠 자다 허둥지둥 햇살이 마중 나간다

딱새의 분주한 아침 팡파르에
잔칫상 마당 가득 차려 놓은 개나리
수줍음 타는 살구꽃 가족
손짓하여 부른다

숲속의 아침

풀벌레들의 합창
연노랑 요정
클라리넷 멜로디

주르르 주르르
똑딱똑딱
하얀 깃발 하늘 향해 한 바퀴
마술사 행진곡 지그재그

원을 그리다 한 송이 꽃
분홍 잎 발끝 춤추고
"요들레이 요들레이

김종구_茶友

새해 첫날
경칩
입맞춤
소금
茶友

김종구 시인 프로필

- 시인·목사·선교사
- 철학박사(Ph.D.)
- (前) 아신대 교수
    빌리온선교회 대표
    선교타임즈 편집장
- (現) BM선교연구원장
    선교타임즈, KMQ, 디아스포라 신문 편집위원
    EZRA(中) 교수
    '향상디아스포라친구들' 사역 총괄

- 대지문학회 동인
- 대한민국지식포럼 정회원
- 대한민국지식포럼 시인대학 수료(10기)
- 대한민국지식포럼 시화전(2024)

시집『시골 소리 부르는 고향의 냄새』(2024)
저서『중국교회 이단 동방번개』(2012)
　　　『중국교회 타문화권 선교운동』(2020)
　　　『중국선교퍼스팩티브』(2022)
　　　『대륙의 십자가 행전』(2023)-책임편집
공동시집『그 섬이 다가왔다』(2025)

새해 첫날

어제의 내일이 오늘 되었고
작년의 내일이 금년 되었네

살다 보면

오늘이 어제 되겠고
금년이 작년 되겠지

그래도
정월 초하룻날은 좋다
神에게 선물로 받은 오늘이
삼백예순다섯 개나 있으니…

경칩

개구리 귀가 밝은가
살포시 다가오는 봄 기척에 놀랐나
얼음장 깨지는 소리에 놀랐나
대지를 가르며 새싹 움트는 소리에 놀랐나

아무렴 어떠하리
개구리 울음소리로 맞이하는 춘삼월
엄동설한 물러가고 봄이여 오라
내 마음에 들어오라 봄이여

봄바람 살금살금 다가오는 봄의 소리
꽃잎 피어나는 소리
개구리여 울어라
봄기운 가득 실은 노래를 불러라

입맞춤

그늘진 마당 저편
고집스레 버티던 차가운 눈 위로
살포시 내려앉는 봄비가
따스하게 안아주네

가고 오는 두 계절의 입맞춤
겨울이 봄이 되어
차가웠던 눈 녹아내려 새 생명 품으면
봄바람에 실린 따스한 비가 새싹 틔우네

거룩한 만남일세
희망의 입맞춤일세
하나 되어 부르는 노래일세
연둣빛 세상의 향연이여…

茶友

늦겨울 초저녁 친구들 모여
시간 담은 차를 나눈다
같은 자리에서 같은 차를 마신다
코끝으로 향을 넘기며 세월을 논한다

누군가는 이른 새벽 흙길을 걸을 때 나는 향이 난다고 한다
누군가는 입안에 머무를 때 퍼지는 향이 좋다고 한다
누군가는 삶의 무게에 지친 영혼을 다독이는 향에 안긴 듯하다고 한다
누군가는 황홀한 탕색에 화려한 맛이 깃들어 있다고 한다

팽주가 말하네
차는 같은데
살아온 세월이 다르고
혀끝이 다를 뿐이라네

흥이 오른 팽주가
깊고 깊은 향을 담은 차
살아서 천 년
죽어서 천 년
물속에서 천 년을 지냈다는 침향을 내어왔다
차 따르는 소리가 깊다

삼천 년의 시간을 만났다
삼천 년의 인간사를 음미한다
삼천 년의 사랑을 노래한다

친구들의 시간은
자정의 고요한 정적 속으로 스며들고
차의 향기로

소금

누가
태평양 대서양 바다 깊숙이
소금을 숨겨 두었는가

누가
해수를 하늘로 끌어올려
반짝이는 소금을 보게 하는가

누가
땅 위에 바닷물을 부어놓고
하늘에 태양을 걸어 두었는가

그분일세
하늘 향해 두 손 들고 노래하네
전능하신 하나님 내게 말씀하시네
썩어가는 세상에서 소금으로 살라고…

박성권_은혜의 자리

관(觀)
은혜의 자리
삶
덕수궁 돌담길
또 하나의 출발

박성권 시인 프로필

경기도 여주 산북 출생(1959)
성균관대학교 수학과 졸업(1984)
광영고등학교 정년퇴임(2020)
복된교회 시무장로(2008~)

대지문학 동인
대한민국지식포럼 정회원
대한민국지식포럼 시인대학 수료(10기)

시집/ 『복을 누리는 삶』(2024)
공동시집 『그 섬이 다가왔다』(2025)

관(觀)

호기심 많던 읍내 중학 시절
내 것이라 부르신 주님

멋대로의 이십 대
보이는 것 전부인 양
기준대로 취하였던 신앙

목마른 삼십 대
복음의 눈 뜨게
사랑으로 인도하신 은혜

십자가 사랑의 예수
중심에 오신 오십 대
이산지를 내게 주소서

시인대학 시집 발간
더 크게 더 깊게 더 자세히
시적 감성 깨어 하늘 영광 보라네

詩作노트/ 대지 문학 등단하여 시집을 보내 주었는데 친구가 더 자세히 보라고 '**觀**' 새겨 액자를 보내 줌.

은혜의 자리

광야
음행 중에 잡힌 여인 끌고 와 세운
서기관들 바리새인들

선생이여
율법에 돌로 치라
율법이요 사랑이요

시험함 보시고
손가락으로 땅에 무엇을 쓰신다
'너희 중에 죄 없는 자 먼저 돌로 치라'
다시 몸을 굽혀 땅에 쓰신다
양심 가책받아 어른부터 젊은이 나간다

오직 예수와 남은 여인
너를 정죄한 자 어디 있느냐
주여 없나이다
흠 없으신 예수 나도 정죄하지 않으리라

가라
다시는 죄를 범하지 말라
은혜받은 자답게 살라

나이 들어가는 인생
회개하여도 쌓여지는 죄
그래도
사랑 용서 구원의 자리
돌아보며 사모하자

삶

깊어 가는 가을
눈 닿는 곳마다 오색 물결
형언할 수 없는 신비
경이로움에 놀란다

한 줄기에서 나왔건만
초록 노란 갈색 잎
앞서거니 뒷서거니
다투며 떨어진다

이리저리 뒹그는 낙엽
앙상한 몸 드러내는 나무
거울에 비친 얼굴
뭣이 그렇게 살게 하노

이해하며 사랑하며 보듬고
한 발 또 한 발
내려놓고 또 내려놓는 삶
그분 따라 살아보자

덕수궁 돌담길

초록이도 누렁이도 빨강이도
겨울을 알리는 함박눈에
화려하였던 모습 뒤로
잠시 눈꽃 피우더니
힘에 겨워 떨어진 돌담길

젖은 눈 만물 위에
밝은 태양에도 꿋꿋한 한 송이 꽃
서울시립미술관 포토존
재능 많은 천경자 삶 예술
Rise Up for Life 외치는 김인순

개신교 최초의 정동제일 교회
일백사십 년 전 조선 땅 아펜젤러
조용한 나라 우뚝 솟은 서울
눈과 범벅된 단풍잎 밟으며
덕수궁길 내려온다

수학 선생으로 분필과 함께
일선에 물러난 지 5년
아들딸 다 키우고 손자 손녀 케어
맛난 한가람 중식
오늘도 기쁨 우정 행복
친구들아, 천천히 걸어가자

또 하나의 출발

유치원 졸업
아쉬움 즐거움 마침
새로운 환경
첫발 내딛는다

일곱 살 생일 맞아
초롱초롱한 눈동자 꿈 가득
더욱 의젓한 손자

명지초등학교 입학
배움의 터전 친구들 선생님
두려워 말라
내가 너와 함께하리라

사랑하는 손자
네가 밟는 모든 걸음
꿈을 향하여 달려갈 길
축복하며 열렬 응원한다

"두려워하지 말라 내가 너와 함께 함이라 놀라지 말라 나는 네 하나님이 됨이라 내가 너를 굳세게 하리라 참으로 너를 도와주리라 참으로 나의 의로운 오른손으로 너를 붙들리라(이사야 41:10)."

詩作노트/ 첫 손자 유치원 졸업하고 며칠 후 생일을 맞아 나누었던 격려와 말씀, 일주일 후 초등학교 입학을 축하하며…

박중선_웃고 있는 날

새봄
태국살이
대나무
웃고 있는 날
빈틈

-늦깎이 시인으로 등단함.
-대나무 숲으로 널리 알려진 전남 담양에서 태어남.
-고등학교를 마치고 서울로 올라와 줄곧 살아옴.
-현재는 인천에서 살고 있음.
-젊었을 때부터 부동산 관련 사업을 서울 강남, 세종시, 영종도 등을 거쳐 현재는 인천에서 해오고 있음.
자주 찾는 곳 도서관에 자주 찾아감.
중점 노력 사항 "사람다운 사람, 참 시인이 되자."
인생의 모토 '낮아지는 삶, 겸손한 삶'

-대지문학 동인
-대한민국지식포럼 정회원
-대한민국지식포럼 시인대학 수료(10기)

시집 『살다 보니』(2024)
공동시집 『그 섬이 다가왔다』(2025)

새봄

새봄에는 그늘졌던 마음에
봄볕을 드리리라

새봄에는
피어오르는 아지랑이 따라
희망을 심어보리라

새봄에는
어린 꽃잎처럼 순수하게 살리라

새봄에는
사랑과 희망을 꽃피우며
새사람으로 살으련다

태국살이

한국의 차가운 겨울을
뒤로한 채 떠난다

뜨거운 여름 나라 태국
한 달 동안 여정을 가슴에 담아 본다

이국에서 느끼는 자연과의 생활
가슴 설렌다

지나온 질곡의 삶의 무게 내려놓으니
이제야 내 모습이 보이네

지난날 흥망성쇠 겪고 살았으니
이제라도 삶의 여유를 가져보리라

이 순간도 시간은 째깍째깍 무심하게 지난다
망고나무 그늘에서 저 하늘 보며 기도한다

아직 젊음이 조금 더 남아있을 때
떠나게 해달라고
빈 가슴 채울 수 있다면 어디라도…

대나무

땅은 넓은데
하늘만 보고 살아가네

마디마디 사연 담아
곧게 곧게 위로만 올라가네

까치가 뭐라고 하던
산비둘기 뭐라 하던 갈 길만 가네

마디 속 비워둔 사연은
퉁소 속에 삶을 담아 연주하려 함이라

웃고 있는 날

일이 잘 안 풀릴 때 하늘을 보라
잘 되는 날도 온다는 것을

힘든 일이 생길 때 하늘을 보라
나만 겪고 있는 고통이 아니라는 걸

사는 게 힘들 때 하늘을 보라
이 또한 지나가게 된다는 것을

욕심껏 아니 될 때 하늘을 보라
처음부터 내 것이 아니었던 것을

그래도
하늘은 내 편인 것을
웃고 있는 날이 온다

빈틈

부부간에
사랑을 원하세요
빈틈을 보여주세요
사랑의 속삭임이 그리로 들어옵니다

정말 사람 냄새나게
살고 싶으세요
빈틈을 보여주세요
향기로운 냄새가 그리로 스며듭니다

행복하게
살고 싶으세요
빈틈을 보여주세요
축복이 그리로 깃듭니다

환하게
웃으시니 좋네요
이제야
빈틈이 보이네요

손두형_그 섬이 다가왔다

그 섬이 다가왔다
검은 파도
눈 내리는 날
거친 역사의 기억
오르막 내리막

손두형 시인 프로필

손두형 시인
대한민국지식포럼 정회원
시인대학 수료
을지미술관장 외
한국캘리그라피예술협회 회원
한국미협·한맥회·한국일요화가회 회원

수상 신인문학상 《느낌까지 끌어안은 시화전》 대상

시집 『꽃잎 날려서』(2024)
　　　『해와 달의 밀회』(2024)
공저시집 『벼랑에 핀 꽃』(2023)
　　　　　『낙엽의 독백』(2024)
공동시집 『그 섬이 다가왔다』(2025)

그 섬이 다가왔다

붉은 불빛 몇 개가
수평선 끝에 반짝이고
달무리 어우러진 흐린 달은
빗물을 예감한다

파도 소리
점점 거세지며 공룡알 같은
검은 바위들을 어루만지고 있다

새벽에 다시 느껴지는 인간사가
순간처럼 다가와 잠을 깨운다

이른 봄 뿌릴 빗물은
눈발로 바뀌어 부를 것이다
아픈 기억들이 다시금 찾아와
현 순간을 흔든다
밤바다 앞세우고 그 섬이 성큼 다가왔다

검은 파도

타올랐던 노을 등지고 짙게 어둠 깔리는 바다
작은 섬 하나 넓은 날개 펼쳐 감싸 안는다
커다란 장막을 드리우며 검은 파도 덮는다

몽돌들 파도에 부딪히고 흔들리며
지나버린 맺힌 기억 흰색 거품으로 뒤집으며
잘게 부수어 내고 있다

멀리 보이는 불빛 몇 개는 가슴에 와닿는
전율 남기고 주홍빛 부표 되어 멎는다
검은 파도는 끝없이 이어진다

깊은 밤, 물결을 이루는 아픈 사연은
아직 가슴 에워싸고 동틀 준비하는
스산한 바람을 맞고 있다

눈 내리는 날

이른 봄 눈발이 흩날리는 산과 호수를 찾다
외로운 겨우살이처럼 앙상한 가지에 매달려
 추운 날을 기대보려고 한다.

차창 밖으로 쏟아지는 눈송이들은
올해 마지막 작별 인사로 남겨두려 한다
많은 시간을 또다시 기다려야 만날 수 있겠지

하얀 언덕 사이로 낮게 깔린 물소리 경쾌하고
커다란 호수 위로 사납게 떨어지는 바람 따라
물결 일으키며 등까지 뭉클하게 다가온다
무채색으로 변신을 위한 발걸음 장엄하다

소복하게 이불 덮고 때늦은 동면에 들어간다
겹겹이 처마 밑 고드름 되어 새날을 기다린다

거친 역사의 기억

올해도 명절 한 주 전 성못길에 들어서다가
마음은 급한데 차는 밀리고 한나절 걸려 도착
비가 오지 않아 산사를 휘도는 늦 매미 울음소리
작은 계곡은 메마르고 탱자나무 가시 뒤로
대나무 숲에 스치는 바람만 스산하다

내년에도 이곳에 다시 올 수 있을지
탐스럽게 피어 있던 나리꽃 보이지 않고
계절의 흐름 따라 멀리 내려다보이는
벼 이삭 고개 숙여 세월마저 흘긴다

짙었던 숲들 어설픈 그늘에 기대어 있고
붉은 단풍 오기 전 가지를 흔들거려 본다
갈수록 덩쿨 덮여서 주변 나무 목 죄고 있다

거친 역사는 계속되고 아름다움 묻혀가도
새롭게 번져 피어나는 소소한 기억들
하나둘 들춰내어져 팽개쳐져 있다

오르막 내리막

동구릉 숲길 숨어 있던 추억을 불러왔다
이야기를 품은 마디마디 순간들은
계절의 끝자락에 머물러 있다

오르막길은 힘들고 어려워도 뒤돌아보면
훨씬 아름답게 녹아져 스며있다
역광에 어슴프레 비친 잔영이 더욱 빛나고 있다

내려오는 길 내리막에서 가슴에 담을
사진 한 장 찍어 남긴다
솔바람 타고 단풍이 물들기 시작해버렸다

오르막 긴 듯해도 내리막 빠른 듯해도
교차하는 순간 짜릿함은 없어도
멈칫할 새도 없이 지나고 없다

심상필_찻잔 속의 그리움

시를 쓴다는 것
찻잔 속의 그리움
古木
동해 바다
목련꽃

심상필 시인 프로필

-경기도 여주 출생
-용산고등학교
-경남대경영대학원 경영학과
-해군장교 퇴역(30년 복무)
-해군협회 이사
-㈜국순당 상무 퇴직(16년 근무)
-우리술전문가과정 수료(국순당)

-시인대학 10기 회장
-대한민국지식포럼 사무총장
-대지문학회 부회장
-대지문학 동인

수상 신인문학상(대지문학. 2024)
　　　대지문학 최우수상
　　　《느낌까지 끌어안은 시화전(Ⅱ)》 우수상(2024)
시집 『쉼표 어디에 찍어야 할까』
공동시집 『그 섬이 다가왔다』(2025)

시를 쓴다는 것

마음이 호수처럼 평온하고
가슴이 불덩이처럼 뜨거워질 때
작은 풀꽃 하나도 사랑스럽다

순수한 사랑이 피어오를 때
정신은 맑고 청정해져
감사의 콧노래가 절로 나온다

그러니
'사랑하는 것은 시를 쓰는 것'이라고…

찻잔 속의 그리움

지구를 일곱 바퀴 돌아
이제야 찻잔을 앞에 놓고 마주 앉았다

찻잔 속을 들여다보고
얼굴 한번 바라보고
차 한 모금 마시고 또 쳐다보고

할 말은 가슴에 쌓였는데…
흰머리와 이마에 그려진
인생 훈장 음미하며
청춘의 타오르던 열정 잠재운 채
조용히 미소 짓는다

마음으로 주고받는 대화 속
그 시절 순수하고 뜨거웠던 사랑이
애절하게 되살아난다

그때 그 시절
불타던 사랑보다
더 진한 그리움으로…

古木

수천 년 역사를 지닌 채
스러져 말라 죽은 고목 한 그루

내가 마음의 눈을 감고 있었다면
그냥 그렇게 힘없이 늙어 죽을 나무

그 고목엔
새순이 자라나고 있다

왕성했던 생명력과 찬란했던 빛
사랑과 희망이 되살아나고 있었다

한 몸 다 바쳐
새순을 키우는 열정은
하늘에 닿는다

열정과 사랑과 희망이 있는 한
고목은 결코, 죽지 않는다

죽어도 죽지 않고
영혼이 살아 숨 쉬는 고목
나의 큰 스승이다

동해 바다

속 깊고 마음 넓은
너 동해야!

반가운 마음에
네 모래사장 마당에서
덩실덩실 춤이라도 추고 싶구나

그 옛날 네가
성내며 파도칠 땐
죽도록 미워했던 순간도 있었지만
너는 나의 인생을 알려준 소중한 동반자였다

태풍 폭풍 우박 비바람 흔들어대도
너는 변함없이 옛 모습
그대로 그 자리에서
날 맞아주는구나

세월 지나 그리운 벗 대하니
가슴 후련하면서도 마음속 고이는 눈물은
너와 맺은 언약, 함께 쌓았던
추억이 소중해서이리라

지는 해 잡을 수 없어
돌아서야 하는 아쉬움
너의 숨결 온몸으로
끌어안고 심호흡을 남긴다

잘 있거라 나의 동해야
다시 찾아오마

2024.8.29 문학탐방길 강릉 송정해변에서…

목련꽃

순백색 자태가
눈부신 사월의 여인
고귀하고 숭고한 정신
우애로 피어났건만

가슴 속 깊이
남몰래 사랑 간직한 채
번뇌를 감춘다

아름다운 자태에 푹 빠져
끌어안고 눈 감으니

애잔한 속삭임
봄바람에 실려 와
귓가에 맴돈다

'이루어질 수 없는 사랑'

*백목련의 아름다운 자태와 꽃말 '고귀하고 숭고한 정신. 우애' 그리고 '이루지 못한 사랑'을 생각하며…

오세창_인생 2막

5월
보물
인생 2막
깨달음
첫눈

오세창 시인 프로필

-시인 수필가
-중앙 택배회사 대표
-문학사랑신문 사무총장, 칭찬대학 명예부총장
-서울시 문화홍보원 한국전통혼례문화 홍보대사
-종로구청 평생교육원 재능기부 강사
-덕성여대 평생교육원 댄스 동아리·스피치 동아리 회장

-시인대학 수료(4,10기)
-문학사랑신문 시인등단(2019) 수필작가 등단(2023)
-대지문학회 감사, 대한민국지식포럼 이사

공연 '아름다운 사인·꽃을 받아줘' 등 다수 공연
수상 대지문학 신인문학상(2024) 대지문학상(2024)
황금찬문학상 문학대상, 대한민국 칭찬박사 공로 대상
《느낌까지 물여왔은 시화전》 우수상
시집 『꽃과 당신』
공저시집『벼랑에 핀 꽃』(2024)『문학사랑 3인 공저시집』
공동시집『큰 섬아 다가왔다』(2025)

5월

산과 들의 푸르름은
마음을 편안하게 하고

향기 짙은 봄꽃들은
마음을 상쾌하게 하고

맑고 밝은 푸른 하늘은
내 마음을 열어놓는다

봄 소풍 가는 해맑은
어린이 마음으로

보물

당신의 눈동자는 별을 닮아
마음을 설레게 하고

당신의 미소는 해를 닮아
마음을 따뜻하게 만든다

당신과 함께하면
모든 것이 새롭고 신기하다

너는 나의 보물

인생 2막

70세부터는
하루하루가 특별히 받은 보너스

인생의
첫날처럼
마지막처럼 즐기자

걱정은 바람에
잡념은 구름에

깨달음

걸어온 길 돌아보니
흔적도 없네

죽기 살기로
온 힘을 다해 살아온 길

어차피
남지 않을 흔적이라면

무엇 때문에

거울에 비친
나의 자화상
눈가에 이슬 맺네

늦었다고 생각할 때가
타이밍이라고 하지 않는가

나가자
산과 들과 바다
그리고 세상 속으로…

첫눈

눈이 내린다
쌀가루처럼 부서지는 하얀 눈

밟으면 뽀드득 뽀드득
소리를 낸다

소리가 듣기 좋아
자꾸만 밟아본다

신음소리인지 환호성인지
궁금하다

소리의 경쾌함으로 보아
좋다는 느낌

겨울잠에 빠져 있는 곤충들
놀라 기지개를 켠다

이명국_텅 빈 하늘

당신 안에
텅 빈 하늘
안개
옥수수밭
달맞이꽃

이명국 시인 프로필

-전북 완주 봉동 출생
-코리아나화장품 처장 근무
-신부메이컵.사이버메이컵.직장인메이컵 자격보유
-한국열린사이버대학교 전통한복모델 지도강사
-스피치지도사 2급(시낭송)
-현재 박명숙 궁중컬렉션 한복모델
-현재 인카금융서비스(주)재무 컨설턴트
-금융자격증 다수 보유

-대지문학동인
-대한민국지식포럼 정회원
-대학민국지식포럼 시인대학수료(10기)

시집 『바다를 닮은 하늘』(2024)
공동시집 『그 섬이 다가왔다』(2025)

당신 안에

당신 눈 안에 내가 있다
내 눈 안에 당신이

기다림이
슬픔이
외로움이
사랑이

따뜻한 미소 뒤에 숨은 아름다운
보랏빛 무지개 다가갈수록
멀어져 가는 끝없는 무지개 같은 사랑
연약한 내 마음 기대어본다

텅 빈 하늘

하얀 하늘에
 그림 그려 채워간다

어머니도 그리고
그리움도 그리고
그리려 하지 않아도
당신 모습 선명하다

밤하늘에 그려진 별과 달그림자
밟으며 걷다 새긴 발자국
오솔길 따라 걷다 되돌아가
희미한 흔적 지워본다

아 다행이다
마음 안에 늘 그늘이 되어
나를 쉬게 하고
다시 회상하게 하며

하늘 땅에 새긴 흔적은
나의 가족사진
나의 사랑이어라

안개

서해대교 물안개 꽃길
지나가다 잠시 멈춰본다
앞도 보이지 않고
그도 보이지 않는다

활화산처럼 뿜어 올라 온통
하얀 어둠
물안개 구름과 만나 길을 잃은 채
영원하지 않기에 연기가 되어
서로 갈 길을 간다

촉촉히 이슬 되어 물안개 호수 되고
하얀 안개구름 살포시 내려앉아
목화 솜이불을 깔아 놓은 듯 포근한
어머니 품이 그리워진다

안개구름 하얀 나비 되어
훨훨
영원히 사라지고
호수 잠긴 안개꽃

희미하게 나풀나풀
어둠은 사라지고 투명한 햇살

나는 산수화 그려 선물한다

옥수수밭

나란히 나란히 빼곡한 옥수수
익어가는 소리 요란하다
뙤약볕 아래 축 늘어진
할아버지 갈색 수염
할머니 하얀 머리
손녀딸 빨간 곱슬머리

옹기종기 평상에 둘러앉아
옛이야기
하나둘 꺼내 본다

그리운 고향
함께 놀던 친구 어디에서 뭘할까
밤은 깊어 가고 추억의 그림자
옛사랑이 그리워지는 여름밤

맹꽁이 합창 소리 정겹다
여치들의 클래식 연주
옥수수 알알이 속삭이는 소리
어둠은 밀려오고

적막한 여름밤은 정겹다
옥수수 익어가는 여름밤도
고요히 잠들어 간다

달맞이꽃

고등동 성당 개천 둑길
수줍게 핀 노란 달맞이꽃
그윽한 향기 뿜어내며
밤을 환하게 비춘다

별들과 벗이 되어
밤새워 속삭이고
그 향기
포근한 바람결에
살짝 스쳐 간다

달빛 아래 노랗게
수놓은 달맞이꽃
수줍게 손짓하며
외로움 달래 본다
연약한 내 영혼
네 삶 속에 숨 쉬고

아침 이슬 마르고
따스한 햇살 얼굴 내민다

이영래_서리꽃

생일
역마차
고향
섬
서리꽃

이영래 시인 프로필

-서울의과학연구소 원무팀 사회생활 시작
-전 (사)한국직업상담협회 인천지회장
-전 Eastern Korea 대표 컨설턴트
-현 (주)예스콘씨에스 대표이사
*25년간의 헤드헌팅과 HR컨설팅 전문가로서 활동하고 있음.
*(주)세프로 대표이사 소독·방역회사 설립 운영 중임.

-대지문학 동인
-대한민국지식포럼 정회원
-대한민국지식포럼 시인대학 수료(10기)

시집『삼밭골길 나의 집』(2024)
공동시집『그 섬이 다가왔다』(2025)
저서『여보, 회사 그만두면 내일 뭐하지?』(공저)

생일

바다향 진하고 달디달았던
온기와 정이 흐르는 미역국

노릇하고 통통한 반건조 조기
넓대디한 서대 한 마리 누워있고
하얀 접시에 붉은 비단 걸치고
반듯하게 줄 선 김치
오늘 생일 아침상이다

얼마나 이른 시간 준비했나
어제저녁엔 없던 것들
혹여 내 많이 못 먹거든
목이 메어 못 먹는 것을 알아주오

역마차

봉천역 골목 붉은 간판 뽐내며
어스름한 저녁 시간
역마차의 바퀴 소리 울리며
쪼맨한 선술집이 깨어난다

사람들과 희로애락을 같이하고
지나간 이들 사연 가득한데
과거의 얘기들은
구름에 실려 보내고

눈 비비며 깨어난 선술집은
오늘도 단골들의 고해실 되어
성스러운 공간인양
고백의 문을 두드리는 장소인체한다

오가는 이의 고해를 들어주는
주인장의 하얀 웃음소리 들으며
나도 술 한잔에 의미를 두지 않고
역마차에 탑승해 순간을 담고 있다

군상들의 정거장
역마차
오늘도 여전히 세월을 뒤로하고
무심한 듯 조용히 달리고 있다

*'역마차'는 서울 지하철 순환선 2호선 봉천역 근처에 위치하고 있는 선술집의 상호임.

고향

저 너머 보일 듯
바람에 흔들리는
기억의 저편
나 돌아가 내 몸 쉴 수 있게
보듬어 주었던 고향

언제부턴가 편안했던 고향은
뒤안길 되어
노쇠한 노인의
무지개다리 앞
정거장이 되고 있다

나는 오늘도
다가오는 설 명절 즈음
가족 모두
정거장 막차 떠나기 전
그분을 뵙고 인사를 드린다

311호 구석 초라한 노인
늦겨울 앙상한 노목의 가지가 되어
과거 숨은 얘기들은 추억으로 남기고

입가의 흰 웃음으로 때로는 외로움과
자신의 감정을 숨기려 애쓰지만
눈가에 보이는 슬픔은
나만 보이는 회한인가 싶다

무지개다리 앞 정거장
시간은 얄밉게 흩어져 사라져가고
막차 시간은 다가오는데
김이나는 밥상에 마주 앉아 편안함이 되어
나를 부르던 그곳 내 고향이 그립다

*어느 한 요양병원 병실을 방문학고서…

섬

바다와 하늘 사이
홀연히 서 있는
작은 점 하나

찾아주는 이 없이
스치듯 바라만 보고
언제부터 존재했지만

존재의 무게를 잊은 체
그저 스쳐 지나가는 섬이 되어
잊힐 리 없는데 잊히고

육지와 닿을 듯 말 듯
인연의 골은 깊은데
사라지지 않는
외로운 흔적

나도 한때는
너와 같은 육지였다고
말하고 싶은데

그냥 이대로 살련다
여태 그렇게 살아왔으니

나 이 나이 되어
스치는 이 붙잡지 않고
잊혀짐에 슬퍼하지 않고
겨울바람 구름 타고
봄 소풍 가리라

서리꽃

아침햇살 눈이 부시게
피어난 서리꽃
밤새 시리도록 차가움에도
반짝이는 보석처럼 피어난 영롱한 그 꽃

흐릿한 실루엣의 안개 속 햇살에 비친
푸른 소나무 위, 붉은 남천 위
들어앉아 더욱 빛나는 그 투명한 꽃

반짝이는 별들이
하늘에서 내려와
군무를 추듯 내 눈앞에서
흩날립니다

만물의 조화 속에
피어난 그 꽃은
반짝이는 따듯함을 앉고
마술 같은 미소를 만듭니다

이원순_구독 인생

구독 인생
의와 공평 그 참뜻
인류의 역사
우산 가족 팬티 가족
새해 기도문

이원순 시인 프로필

-충청북도 음성출생
-서울대 공대 원자핵공학과 졸업
-한경협(전경련) 중소기업 경영자문단 고문
-한국장학재단 사회리더 멘토역임
-(주)타라 TPS 대표이사 한국장학재단 사회리더 멘토 역임
-현대차 해외사업부, 기획실 차장(화란, 영국, 캐나다 현지법인 주재 근무)
-(현)서울대 총동창회 이사

-대한민국지식포럼 정회원
-시인대학 수료(10기)
-대지문학 동인

수상 국무총리표창
    신인문학상(대지문학. 2024)
공저『마음이 젊은 사람들이야기』
시집『지렁이 잔혹사』(2024)
공동시집「그 섬이 다가왔다」(2025)

구독 인생

이십 년이 넘은 냉장고를 교체하려
전자상가에 들렸더니 구독하라네요

가만히 생각해보니
나 자신 세상에 나와서 모든 것
잠시 빌려 쓰고 가는 구독 인생임을
돌아보게 되네요
몸둥아리까지도…

잠시 거쳐 가는 이 세상에
오너가 어디 있고
주인이 어디 있겠어요
주인 행세는 하지 말아야지
그 누군가의 말에 공감이 갑니다

저만치서 주인이 쳐다보고 계시네요
조물주
The Author of the Universe

의와 공평 그 참뜻

내가 만일
전능자라면
하나님이라면
모든 피조물이 내게 복종하고
내게 경배하는 것을 바랄 텐데

궁금하네
왜 하나님은
의와 공평 행하는 것을…
그런 것들보다 더 기뻐하실까
도대체 어떤 품성을 가지신 분일까

그래서 그런 그 분을
더 좋아하고
사랑하게 되는가 보다
우리 정치인들도 좀 본받으면 좋으련만…

"의와 공평을 행하는 것은 제사를 드리는 것보다 여호와께서 기쁘게 여기시느니라(잠 21:3)."를 묵상하며…

인류의 역사

세계의 나라들을
부자나라 가난한 나라
많이 배운 국민 못배운 국민
땅이 넓은 나라 좁은 나라 구별하여
강대국 약소국으로 나뉘어 기록되니
강자의 역사라 하는 것이 타당하겠지만

꼭 그렇지도 않은 것이
이것이 있어
세상을 공평하게 바라보게 도움 주네

그것은 바로 문화사 아닐까요
아무리 크고 잘 살아도 이 수준이 낮으면
정신적 후진국이요
그렇지 못해도 그 문화 수준이 높으면
선진국반열에 들어 인정받으니
대지문학 동인들 각기 분발하여
우리 조국의 문화창달에 기여하여
대한민국 문학계에 한 흔적을 남기세나

詩作노트/ 한강 작가의 노벨문학상 수상 소식에 한껏 고무되어…

우산 가족 팬티 가족

어린 시절 쉽게 따라 불렀던 동요
좁다란 학교길에 우산 세 개
파란 우산
깜장 우산
찢어진 우산
장난기 가득한 꼬마 친구들

어른이 되어 가정을 꾸리고 나니
가끔은 아내를 도와 마른빨래 개는데
통통하고 예쁜 팬티
날렵하고 멋진 팬티
펑퍼짐한 팬티
후줄그레한 팬티

말 안 해도 임자의 얼굴이 떠오른다
듬직한 큰 딸아이
멋쟁이 둘째 딸아이
말수 적은 마누라
대책 없는 나

사랑스런 나의 가족
우리 친구들

새해 기도문
-현충원 애국선열들 25신년 추모시-

세상 만물을 창조하시고
주관하시는 전능하신 하나님 아버지
저희에게 새해를 허락하시고
은혜 가운데
새해 맞게 인도하여주시니
만만 감사드리옵나이다

일찍이 우리 민족에게
삼천리 반도 금수강산과
그 모든 부속 도서를 유업으로 주시고
그 경계를 정하여 주심 감사합니다.

오랜 역사 가운데
주변 여러 나라들로부터
많은 외침과 때론 국권을 잃는
슬픔도 당했던 적도 있지만
그럴 때마다 이겨내게 하시니
무한 감사드립니다.

하나님의 크신 돌보심과
오늘 저희가 추모하는
애국선열들의 헌신과 희생으로
우리 대한민국이 그때마다
그 많은 어려움을 이겨내고
세계 선진국반열에
우뚝 서게 하여 주심을 감사드리옵나이다

이런 분들의 본을 받아
우리와 우리 후손들이
앞으로도 계속 나라와 민족을 사랑하며
더욱 발전시켜 나가는데
힘을 쏟을 수 있도록
인도하여주시옵소서!

지금 우리나라는 온 국민이
이념 간에, 세대 간에, 계층 간의
분열과 갈등으로 인해

첨예하게 대립하고 있음을
잘 알고 계신 줄 믿습니다.

아모스 선지자를 통해
우리에게 주신 말씀
'오직 정의를 물 같이,
공의를 마르지 않는 강같이
흐르게 할지어다'
하신 말씀 따라 살 수 있도록
국가의 모든 지도자와 국민이
하나님을 공경하고
나라와 이웃을 사랑하며
경제적으로나 군사적으로나
부강한 나라가 되어서 주변에 어렵고 힘든
여러 이웃 나라들을 도와주며
꾸어주며 살아갈 수 있는
나라가 되도록 축복하여 주시옵소서

예수님의 이름으로 감사하며
기도드리옵나이다.
아멘!

이정순_4월의 기도

관악산 눈길
4월의 기도
2월의 끝자락
홍매화
봄비

이정순 시인 프로필

-서울 출생
-대한민국지식포럼 시인대학 10기
-대한민국지식포럼 정회원
-대지문학 동인

시집 『나 혼자인 줄 알았는데』(2024)
공동시집 『그 섬이 다가왔다』(2025)

"70을 넘어 80을 바라보는 나이에 시를 배우고 쓰고 하면서, 나는 시와 평생 함께 살아보고 싶어진 늦깎이 시인입니다. 날마다 시를 흥얼거리고 또 쓰고 싶습니다. 앞으로 시와 가까이 지내면서 마음만은 아름답고 멋지게 나이 들어가고 싶어요."《시인 **이정순**》

관악산 눈길

관악산 등산길은 차가운 바람이 불고
하얀 눈이 살포시 내리는 밤이 다가와
하얀 눈꽃의 향내가 사방으로 퍼진다

깊은 한숨 내쉬며
퇴색한 단풍도 조심히 밟아 본다
얼어붙은 자리에는
먼 하늘에서 찬 바람만 몰아쳐 오고

추위에 얼어 떨고 있는 억새 풀도 메말라
하얀 눈을 맞고 움츠려든다

님 생각에 내 몸도 떨린다

4월의 기도

봄 향기 가득한 꽃들과
파릇파릇한 새싹이
펼쳐지는 4월의 첫날
새 희망의 나래로 활짝 문이 열렸어요

하나님께서 당신의 형상대로 지으시고
영광 받기를 원하시는 나의 주님
이 땅에 평화를 주시고
환난과 고난을 이길 힘을 주시옵소서

주님과 동행하면
편안함의 안식이 있음을 깨닫는
4월의 봄이 되게 하소서

2월의 끝자락

마지막을 장식하는 겨울
올겨울은 유난히도 추웠다
하얀 겨울 설경도 참 아름다웠다

며칠 있으면 떠나갈 2월
아쉬움을 남기고
3월에게 바톤을 넘겨주고 떠나겠구나

꽃 피는 춘삼월
꽃주머니 속에 아지랑이 앞세워 함께 오면
나는 봄 처녀 데리고
널 마중 나갈게

홍매화

홍매화, 예쁘기도 하다
따사로운 봄 향기 따라서
서울까지 찾아왔구나!

살랑살랑 불어오는
봄바람 따라서
그대가 걸어온 발자취
나는 행복을 만끽하고 있다

따사로운 봄날에
홍매화 향기따라
그대의 봄꽃 되고 싶으니
내 곁으로 어서 오시옵소서

봄비

겨울이 떠난 줄 알았다
꽃샘추위와 봄비가
하염없이 내린다

심술궂은 겨울은
아직도 봄의 문턱에서
서성거린다

지금 내리는 봄비에
모든 생명이 탄생할 것이다

희망을 주는 봄비가 그치면
연두색 새싹들이 예쁜 얼굴을 내밀겠지

사랑의 봄비
꼬오옥 보듬어 주련다

이주영_기억의 강

얄미운 그대
모나카의 추억
소음도 반가워라
오징어 배
기억의 강

이주영 시인 프로필

대지문학 동인
대한민국지식포럼 정회원
시인대학 수료(10)

수상 대지문학 신인문학상(2024)
《느낌까지 끌어안은 시화전(Ⅱ)》 대상(2024)

시집 『바람 이야기』(2024)
공동시집 『그 섬이 다가왔다』(2025)

얄미운 그대

살며시 다가가 밤 한 송이
목덜미에 쏘옥
앗! 따가워

그윽한 향기로 뜨거움 덮어
차 한잔 쓰윽
앗! 뜨거워

따스한 입맞춤으로 아픔 녹여
맘 한 켠에 쏘옥
앗! 달콤해

모나카의 추억

유백색 피부 아래
검붉은 심장
뜨거웠던 젊은 날의 흔적은
사각진 단호함에 갇혀있네

매끄럽고 우아한 자태에
멈칫거리는 어린 손길
찬장 깊숙한 곳 숨겨진 너를
까치발 들어 몰래 훔쳐보네

한 입 작두질에
바사삭 부서지는 아쉬움
한 시절 오롯이 받았던 사랑은
아련한 그리움으로 남아있네

소음도 반가워라

며칠째 귓속엔 먹구름이 꼈다
세상은 깊고 어두운 동굴
큰 하품에 찌르륵 소리
찌르레기 가족이 이사를 온 걸까

찢어지는 듯한 통증과 함께
귓속에 채워지는 지하철 굉음
그것은 삶의 노래 감사한 화음
먹구름 걷힌 자리 고요한 기쁨이 차오른다

오징어 배

뱃고동 소리에 새벽을 연다
땅끝은 푸른 심연 속으로 잠기고
뭍 세상은 기다림이 되어간다

파도가 출렁인다
바다는 예측한다 해도
넘을 수 없는 괴력이 있다

심술보가 터진 것 같다
파도는 거친 숨결로 갑판 위에 오르고
우리는 혼돈 속에서 방향을 잃는다

"파도와 맞서지 말고 흐름에 몸을 맡겨라"
수런거림 속 들리는 아버님의 목소리에 눈을 뜬다

내가 살아있다

기억의 강

가슴에 채운 열정이
불티가 되어 밤하늘에 수를 놓아요
어느 때 사그라든 불티처럼
그리움이 재로 남지만
세월이 흐른다고 잊을까요

세상 저편에서 잊었다고 말하지 마세요
그리움은 스스로 무게를 실어
징검다리를 놓아요
시리도록 푸른

이효상_몽중화(夢中花)

무인도
고생길 고행길
몽중화(夢中花)
참 좋더라
망중한(忙中閑)

서울별빛 **이효상 시인 프로필**

인생목표 "100만명 취업시키는 그날까지~"
주요경력
-아웃소싱타임스 기자(취재국장)
-AI기반 인력모집 플랫폼 '취업버스' 대표
-창업 컨설턴트, 커리어 컨설턴트, 헤드헌터
-100만인 일자리 찾아주기 운동본부 공동대표
-국제펜한국본부 정회원

-대지문학 동인
-대한민국지식포럼 정회원
-대한민국지식포럼 시인대학 수료(10기)

시집 『네모난 바람』(2024)
저서 『직업소개소(인력사무소) 창업가이드』 외
　　　『이태백의 절규』 외
공동시집 『그 섬이 다가왔다』(2025)

"내 생각이 현실이 되고, 의지가 길을 만든다!"

무인도

육지는 알고 있을까
저 외딴섬의 슬픔을

망망대해
징그럽도록 솔직한 막막함을

고생길 고행길

겨울이 착한 건 봄을 데려오기 때문이라던데
끝나지 않을 것 같은 고생길
이 구비 넘으면 끝이려나
저 터널 지나면 보이려나

가도 가도 오르막

이제 한 구비
아스라이 보이는 햇살
저기까지만 가닿으면
산들바람 만날 수 있을까

야속히 떠난 봄 다시 만날 수 있을까

손이 시린 아침,
오늘도 잊지 않고 찾아온 고생덩어리
이제 매화 피면 끝이 나려나
하여튼 열심히 하다 보면 좋은 날 오려나

詩作노트/ 한동안 잘되던 사업이 환경변화로 어려워지면서 힘든 고비를 넘고 있는 친구를 위로하기 위해, 친구의 넋두리를 시로 옮겨 보았다.

몽중화(夢中花)

한적한 오솔길에
매화 피었기에
한 가지 꺾어다가
창가에 두렸더니
꿈속에 핀 꽃이라
끝내 꺾지 못하였네

참 좋더라

보고 싶다 연락해 주는 사람
참 좋더라

소맥 타주는 사람
참 좋더라

고기 구워주는 사람
참 좋더라

망중한(忙中閑)

따뜻한 봄날이거나
호젓한 가을날이거나

거리의 카페거나
뒷골목 주막이거나

오가는 이 바라보던가
햇살이나 희롱하던가

커피도 좋고
막걸리도 좋고

딱 그렇게
나 홀로도 좋은 오후 한나절

전병렬_자연이 道

어른이 되니
자연이 道
반쯤 찬 물컵
자재와 돈오
그림자

전병렬 시인 프로필

-성균관대 졸업, 연세대 경영학 석사
-LG그룹회장실, LG전자, LG CNS에서 30년간 근무
-현재, 현대부동산 대표 및 송연법률사무소 고문
-작가·시인 및 경영지도사, 공인중개사

대지문학 동인
대한민국지식포럼 정회원

시집『보이지 않는 세상』(2024)
공동시집『그 섬이 다가왔다』(2025)
저서『존재는 하나, 실체는 없다』 수상록(2025.4)
　　　『그림자 없는 나무』(2025.6) 시집 출간 예정

어른이 되니

어릴 적 어른이 되면
힘도 세고 야단도 호통도 치고
마음대로 하고 좋은 줄 알았다

차도 타고 비행기도 타고
어디든 가고 싶은 대로 하는 줄…
색시도 있고 싸우지 않고 행복하게
잘 사는 줄 알았다
주인 되어 당당하게 사는 줄…

이제 어른이 되니
무지갯빛 세상이었다.
어린아이에게만 보인 세상
멋진 세상 아름다운 세상이다

이제는 어른을 보기 힘든 세상
모든 게 다 보이기 때문
이전투구 서로 다툰다
어른답지 않은 어른이다

자연이 道

억지로 하지 않는 자연이 도다
자연히 이루어지는
스스로 인연되어 이룬다
억지는 자연이 아니다

집착이 억지
내가 원하고 주장하는
부자연의 억지는 욕심이며 화냄 어리석음
세상은 불편하다

이제 느끼는 스스로의 자연
억매임 없이 흐르는 자율과 자유
스스로 존재하며
외뿔소처럼 홀로 당당하게

자연과 하나 되어 물처럼 흐른다
자연이 선생
함 없이 함을 이루고
설함 없이 설하니
그 가르침이 위대하다

자연이 올바른 길
유위와 인위는 삿된 의견이다

반쯤 찬 물컵

물컵에 물이 반만큼 차있다

반밖에 안 찼다는 부족함
반씩이나 찼다는 만족
사람의 마음이 하나의 사실에
긍정과 부정 둘로 나눈다

상황과 인연 따라 생각이 일어나니
생각하기 나름
세상만물의 만족과 불만은
마음내기

마음내기에 따라 좋고 나쁘다
개에 불성이 있는가? 있다
없는가? 없다
자신이 개가 아닌 이상
있는지 없는지 개한테 물어봐야
자기 자신 해석하기 나름

물컵에 반
생각하기 나름
긍정과 부정
만족과 불만이 하나의 실체에 있다

세상만사 실체는 하나
긍정으로 보아 행복하길
우주의 기를 받는다

자재와 돈오

구하는가? 이미 있다
모르는가? 이미 안다

부처도 마음도 없다
다 없는 거다 이미 있다

있다고 생각하니 없고
없다고 생각하니 있다
'있고 없고'가 경계가 없구나
그냥 있고 없다

도(道)도 법도 마음도
깨달음도 지혜도 본성도
시시때때로 있고 없다

이분(二分)에 나누어져 있는 것도
그 안에 숨겨져 있는 것(不二)도
그냥 이구나

울음을 그치니
마음을 그친다

그림자

빛이 생기면 나타나는
실체의 평면
땅 모양 따라 굴곡 진다

밝으면 발에 얹힌다
빛 방향 따라 길게 늘어진
실체의 빛과 그림자

빛이 있어 드러낸다
이면에 그림자
실체의 2차원 평면
빛의 시각에서 모습

실체의 그림자
한 모습을 보인다
동굴 속 그림자는 삶의 모습이 되고
손가락은 개가 되고 나비가 되고
시각 따라 달라지는 그림이다

나무 밑 그늘
빌딩 숲 어두움
저녁 황혼에 비치는 산 그림자
그림자 세상

바다에 그림자가 없다
평평하기에
하늘 높이 나는 비행기
그 바다 위에 그림자를 그린다

실체와 빛이 그림자를
하늘에서 본 세상 그림을 그린다

정수연_노년의 상념

기도
나의 기도
노년의 상념
고독
언어

정수연 시인 프로필

무엇을 어떻게 나를 소개할까? 정말 소개할 게 없네요. 자식을 키우는 엄마로서, 일을 해야만 하는 사업가로서, 때로는 평범한 주부로서, 뒤늦게 시를 쓰는 시인이 되어 보겠다고 시를 쓰고 읽고 하면서 해내고야 말겠다는 의지 하나로 버텨왔습니다. 하늘은 스스로 돕는 자를 돕는 말이 있듯이 '그냥 하니까' 되더라고요. 관심 있게 지켜봐 주시기를 바랍니다《시인 정수연》.

-경남 합천 출생
-결혼 후 서울에 정착
-늦깎이 대학생
-운수업체, 여행사 경영

-대지문학 동인
-대한민국지식포럼 정회원
-대한민국지식포럼 시인대학 수료(10기)

시집「물처럼 흐른다」(2024)
공동시집「그 섬이 다가왔다」(2025)

기도

나를
성숙하게 하는 기도

나의 소원은 무엇이지

텅 빈
마음뿐이네

나의 기도

나의 신이시여
바다와 같은 세상

살아갈 수 있는
힘과 용기와 지혜를 주소서

노년의 상념

일용할 양식 걱정 없이
세상만사 근심 없이
세상사 무심하게

공부와 쉼이 자유롭고
고요히 흘러가는 삶

고요함이 행복으로
소진되는 삶
검불처럼 소멸

고독

텅 빈 고독
고독은 결코 연약하지 않다

나의 고독은
정결하고 강하다

텅 빈 고독

언어

시의 언어
삶의 무게가 감성의 말
말랑말랑 시어는 사라지고

생활의 언어만 남았네
시를 쓰기
어려운 이유

-격려사-
격려합니다

대한민국지식포럼 시인대학 10기는
정말로 '우연함과 특별함'으로 시작했습니다.
12명으로 시작하기로 했는데
21명이나 등록하고 수료하게 된 것도 그렇고,

개인시집 출판도 20명으로 가장 많았고
강의 중 하지 않던 문학탐방도 하게 된 것도,
끝나자마자 모임을 시작하게 된 것도,
"우리 2차 가자." 건의도 그렇고요,

더구나 우리의 전통주 막걸리로 시작해서
계속 전통주 이화주로 건배하는 것도 그렇습니다.

아마도 이건
강의 중 한 마디가 주효하지 않았을까 짐작해 봅니다.
"술을 잘 마시는 이는 시도 잘 쓴다"는
농담 같았던 진담 한 마디! 아니었을까.

여하튼 '우연함과 특별함'이
계속하여 이어져 오고 있는 중,
이번에 시인대학 기별 공동시선집이
6기에 이어서 두 번째로 발간하게 되었음에
격려의 박수! 아낌없이 보내드리며
몇 가지 첨부 글로 격려사를 대신하고자 합니다.

"떠오르는 아침 해를 보고 전율하지 않는 사람은 한물간 사람이다."
"'내가 정말로 시인이 될 수 있을까'라고 의심하지 말고 신념을 갖고 시를 쓰라."
"나의 시를 내가 믿지 않으면 누가 믿어 주겠으며, 나의 시에 내가 감동하지 않으면 누가 감동을 주겠는가. 자존감을 가지십시오."

**2025 스승의날 즈음하여
샘골 淸靑 박 종 규**

■시인대학 10기_시인 삼목회 모임일지

●시인대학 개강
***일시 및 장소** 2024.03.24 이룸센터(B1)
***수강생 명단**
 강한희 김대언 김명숙 김제삼 김종갑 김종구 박성권
 박중선 손두형 심상필 오세창 이광우 이명국 이영래
 이원순 이정순 이주영 이효상 전병렬 정수연 한기룡

●시인대학 수료
***일시 및 장소** 2024. 05. 09 이룸센터(소교육실)
***수료자 명단**
 강한희 김대언 김명숙 김제삼 김종갑 김종구 박성권
 박중선 손두형 심상필 오세창 이광우 이명국 이영래
 이원순 이정순 이주영 이효상 전병렬 정수연 한기룡

●수료기념 인사동 문학탐방
***일시 및 장소** 2024.05.16(목) 인사동 일대
***참가자 명단**
강한희 김대언 김명숙 김제삼 김종구 박성권 박중선
손두형 심상필 오세창 이광우 이명국 이영래 이원순
이정순 이주영 이효상 전병렬 정수연 한기룡
***탐방코스**
종각역 3-1출구 집합-공평지하유적도시-삼일독립선언문
집단 낭독터-갤러리 아튠즈(Banksey/ 얼굴 없는 화가)-태
화관-승동교회-이율곡생가터-청년학생독립선언서 인쇄-천
도교본부-독립운동발상지-방정환 선생 기념비-특별한 플
라터너스 나무-쌈지길(시인 이상)-귀천 커피숍(시인 천상
병)-저녁식사(남도식당)

●시인대학 출판기념회
*일시 및 장소 2024.08.27(화) 이룸센터(B1)
*개인시집 출판 시인 명단
-강한희 시인(시집 「시 산에 오르다」)
-김대언 시인(시집 「어느 날 문득」)
-김명숙 시인(시집 「들꽃 마실」)
-김제삼 시인(시집 「바람에 실린 너」)
-김종구 시인(시집 「시골 소리 부르는 고향의 냄새」)
-박성권 시인(시집 「복을 누리는 삶」)
-박중선 시인(시집 「살다 보니」)
-손두형 시인(시집 「해와 달의 밀회」)
-심상필 시인(시집 「쉼표어디에찍어야할까」)
-오세창 시인(시집 「꽃과 당신」)
-이광우 시인(시집 「망설임」)
-이명국 시인(시집 「바다를 닮은 하늘」)
-이영래 시인(시집 「삼밭골길 나의 집」)
-이원순 시인(시집 「지렁이 잔혹사」)
-이정순 시인(시집 「나 혼자인 줄 알았는데」)
-이주영 시인(시집 「바람 이야기」)
-이효상 시인(시집 「네모 난 바람」)
-전병렬 시인(시집 「보이지 않는 세상」)
-정수연 시인(시집 「물처럼 흐른다」)
-한기룡 시인(시집 「마음이 머무는 순간」)

*특기사항
-신인문학상 수여, 시인등단작가패는 대진문학 세미나에서 받음.

● **시인대학 10기_우연한 발기모임**
-인사동 문학탐방을 마치고 저녁 식사한 후, 종각역으로 걸어거다 누군가 "2차 가지 않겠어요?"라는 말에 **막걸리 한잔하러 들린 백세주마을**. 시인대학 시절과 문학탐방, 시 쓰기 등 대화로 공감하고, 전통주 이화주 시음하며 "이화주" 모임 만들자 논의도 하고, 분위기가 좋아 시인들 자주 만나자는데에 공감대 형성한 것이 계기가 되었다고나 할까요, **정말로 우연하게 다음에 꼭 만나 모임 결성**하기로 약속함.
*일시 2024.5.16(목) 17:30
*장소 백세주마을(종각점)
*참석자 심상필 이영래 이주영 이효상 이정순 전병렬 정수연(7인)

● **시인대학 10기_정식 1차 모임**
*일시 2024.7.24(수) 17:30
*장소 백세주마을((삼성동 봉은사역 근처 삼성점)
*참석자 교수님 김명숙 김제삼 손두형 심상필 이광우 이명국 이영래 이원순 이정순 이주영 이효상 전병렬 정수연(14인)
*주요 의제
-자작시 소개 및 시 공부, 친목 도모로 10기 전체 첫 모임으로 교수님과 함께하기로 결정함.
-**회장 심상필, 총무 이영래 이주영**
-**고려시대 명주 이화주 전통주 시음**

● **시인대학 10기_제2차 모임**
*일시 2024.11.11(월) 17:30
*장소 백세주마을(종각점)
*참석자 교수님 김명숙 박중선 심상필 오세창 이명국

이영래 이원순 이정순 이주영 이효상 전병렬 정수연 (13인)
*주요 의제
-자작시 1편씩 각자 소개 및 친목 도모
-**전통주 이화주 시음** 및 저녁 식사
-**시인대학 수료 1주년 기념 공동시집 발간**하기로 결정함.
-**모임 명칭을 삼목회**(셋째 주 목요일 만남)로 결정.
-정기 모임 일 격월 셋째 주 목요일 하기로 결정.

●시인대학 10기_제3차 모임
*일시 2025.1.16(목) 17:30
*장소 백세주마을(삼성점)
*참석자 강한희 박중선 심상필 손두형 정수연 이영래 이주영 이효상(8인)
*주요 의제
-**전통주 이화주 시음** 및 저녁 식사
-**모임 명칭 변경**(보완)/ **시인 삼목회**(공식 명칭)
-자작시 소개 및 친목 도모
-**10기 공동시선집 발간**(2025.5월 발간) 논의
  ▼제출마감일 2025.3.31
  ▼3~5편(5편 통일)
  ▼제출/ 총무 이영래(이메일)
  ▼경비/ 회원 1/N

●시인 삼목회_제4차 모임
*일시 2025.3.20(목) 17:00
*장소 백세주마을(종각점)
*참석자 교수님 김종구 김명숙 박중권 심상필 이영래 이주영 이정순 이광우 이효상 이명국 오세창 전병렬 손두형(14인)
*주요 의제

-전통주 시음(고려시대 명주 송절주) 및 저녁 식사
-자작시 발표 및 친목 도모
-공동시집 관련 추진현황 및 진행사항 공유와 토의
-조속한 발간을 위해 3월 17일까지 시 제출 건 확인 (현재 14인 제출), 1인 5편 통일하고 3.26일 마감.
-자작시 발표는 자유롭게
-대지문학 세미나 및 대한민국지식포럼 참가 독려

●시인 삼목회_제5차 모임
*일시 2025.5.15(목) 17:30 예정
*장소 미정(추후 단톡방 알림)
*주요 의제
-자작시 발표 및 친목 도모
-공동시선집 발간 자축파티
-발전 방향 논의 외

시인대학 10기_시인 삼목회 공동시선집

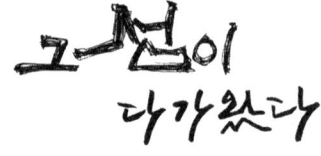

초 판 인 쇄	2025년 05월 01일
초 판 발 행	2025년 05월 15일
지 은 이	심상필 외 14인
발 행 처	다담출판기획 TEL : 02)701-0680
	서울시 영등포구 영신로30길 14, 2층
편 집 인	박 종 규
등 록 일	2021년 9월 17일
등 록 번 호	제2021-000156호
I S B N	979-11-93838-42-6 03800
가 격	16,000원

본 책은 지은이의 지적재산이므로 무단전재와 복제를 금합니다.